M. JOURDAN (du Var), Maître des Requêtes au Conseil d'État, Préfet des Basses-Alpes,
Commandeur de la Légion-d'Honneur,
admis à faire valoir ses droits à la retraite, sans l'avoir demandé,
par ordonnance du 13 décembre 1847.

⸺⸺

Réclamation, contre cette mesure, portée devant la Chambre des·Députés,
dans l'intérêt des Basses-Alpes, par M. Cotte, avocat, sous-préfet en retraite,
ancien député de l'arrondissement de Digne, chef-lieu de ce département,
à la Chambre de 1815, dite des cent jours, chevalier de la Légion-d'Honneur.

⸺⸺

LETTRE

ÉCRITE PAR M. COTTE.

A MONSIEUR JOURDAN,

Le 21 décembre 1847.

MONSIEUR LE PRÉFET,

L'opinion publique, dans les Basses-Alpes, protestera hautement contre l'ordonnance qui vous admet à faire valoir vos droits à la retraite.

Un tel acte ne peut s'expliquer, sinon autrement, que par cette calamiteuse vérité, que les intérêts des populations ne sont pas assez étudiés ou assez pris en considération.

Il n'est aucun de vos honorables prédécesseurs, qui n'ait emporté mes regrets; ils furent entraînés par leur destinée politique ; mais je disais, avec nos Bas-Alpins : le bon M. Jourdan s'est donné à nous pour de longs jours, le pays ne sera plus exposé aux fréquents changements qui lui ont fait tant de mal.

S'il faut absolument que vous nous quittiez, vous irez vous reposer en paix, par la pensée du bien que vous avez fait et du bien que vous aviez le dessein de faire ; l'ardeur de nos regrets sera égale à celle de votre constant amour pour l'intérêt public ; vous ne trouverez, nulle part, de meilleurs et plus reconnaissants amis, que ceux nombreux, croyez-le bien, que vous laisserez dans les Basses-Alpes.

Lettre adressée, par M. Cotte, à M. Duchâtel, Ministre de l'Intérieur, le 5 janvier 1848.

MONSIEUR LE MINISTRE,

L'ordonnance qui admet M. Jourdan, préfet des Basses-Alpes, à faire valoir ses droits à la retraite, a plongé le département dans le deuil.

L'honorable M. Fleury, nommé en remplacement, est sans doute rempli de mérite, puisqu'il a votre confiance, mais M. Jourdan était, pour les Basses-Alpes, le Préfet que vous nous aviez donné, par une inspiration particulière de la Providence...... Il est fâcheux, très-fâcheux, que dans la circonstance, les grands intérêts d'un pays, si éminemment dévoué, n'aient pas triomphé des motifs, quels qu'ils soient, qui ont entraîné la mesure.

J'en ai écrit à *****, si ma correspondance vous est communiquée, veuillez, Monsieur le Ministre, ne voir dans la vivacité des expressions, que l'effet d'un premier mouvement auquel l'ardent amour que je porte à mon pays ne m'a pas permis de résister.

Vous m'excuserez si, comme je l'espère, vous restez pénétré du tort immense que l'ordonnance de révocation a fait aux Basses-Alpes.

Ma voix est une voix amie, dévouée audelà de toute expression, à la dinastie de juillet, et à son gouvernement conservateur. Ecoutezla, Monsieur le Ministre, rendez aux Bas-Alpins, leur bon Préfet, M. Jourdan, ce sera justice grande que vous ferez à cent cinquante mille bons Français, dignes de toute votre sollicitude.

Je vous prie de remarquer qu'il s'agit, non des intérêts particuliers de l'honorable M. Jourdan, mais de ceux de tout un département, auxquels aucune compensation personnelle, quelle quelle fut, ne saurait satisfaire.

Il vaut mieux revenir sur une mesure, nécessitée par des motifs momentanés, que de s'exposer à regretter d'avoir frappé un pays, que l'administration de M. Jourdan remplissait chaque jour, des plus belles espérances.

Vous nous avez successivement donné plusieurs excellents Magistrats, que, par des vues de grand intérêt public, vous avez appelés ailleurs ; M. Jourdan avait adopté les Basses-Alpes pour y terminer sa carrière administrative ; ce département avait ainsi vu disparaître le déplorable état d'instabilité qui l'a tenu si longtemps arrièré, en présence du progrès qui se manifeste partout ailleurs, dans notre belle France.

Je vous en prie, Monsieur le Ministre, je vous supplie à mains jointes, retirez l'ordonnance qui admet M. Jourdan à une retraite qui ne convient, ni à son âge, ni à ses talents administratifs, ni à ses vues bienfaisantes pour les Basses-Alpes, ni à son zèle ardent pour le bien public, ni à son dévouement si connu pour la dinastie et pour le Gouvernement.

Je suis avec un profond respect, etc.

LETTRE A UN AMI.

10 *janvier* 1848.

La catastrophe qui a cruellement frappé notre pays, dans la personne du bon M. Jourdan, vous a profondément affligé..... C'est un vrai deuil pour les Basses-Alpes.

La funeste instabilité qui pesait sur ce département était arrivée à son terme, par la nomination de M. Jourdan, il voulait ne nous quitter qu'en terminant sa carrière administrative.

Vous connaissez nos besoins ; vous savez que M. Jourdan était capable, et avait la ferme volonté de s'en occuper dans toute leur étendue, et avec la constance qui leur est si nécessaire ; or, ce Magistrat ne peut être dignement remplacé, remarquez-le bien, car nul ne saurait se trouver, par rapport aux Basses-Alpes, dans la foule de conditions qu'il présente.

Vous comprenez que le sort du pays dépend tout-à-fait de leur entier accomplissement.

M. Duchâtel finira par entendre raison..... Il est trop habile homme d'État pour ne pas reconnaître que le rappel de M. Jourdan, à la préfecture des Basses-Alpes, est indispensable pour faire cesser le préjudice grave porté à ce département......

Poussez aussi loin qu'il sera possible vos démarches auprès de l'honorable Ministre, il se laissera fléchir par vos instances.

De mon côté, après avoir fait part de l'affliction générale à * * * * *, j'ai écrit à M. le Ministre de l'Intérieur dans les termes des plus humbles supplications...

M. Duchâtel ne me répondra pas, peut-être. je lui écrirai bientôt une seconde fois...

La Providence et l'amour du bien public feront le reste.

Deuxième lettre, écrite par M. Cotte, à M. le Ministre de l'Intérieur, le 20 janvier 1848.

MONSIEUR LE MINISTRE,

Par ma lettre du 5 janvier j'ai eu l'honneur

de vous adresser , d'instantes supplications, dans le grand intérêt des Basses-Alpes, pour le rappel de M. Jourdan (du Var), à la préfecture de ce département.

Je vous demande pardon , si je viens de nouveau vous entretenir d'une affaire qui intéresse mon pays à un si haut degré. L'impulsion du bien public est la seule cause de mon insistance , veuillez le croire, Monsieur le Ministre , si je suis pressant, c'est que le tort fait aux Basses-Alpes , par le renvoi de l'honorable M. Jourdan , est énorme, et qu'il ne peut être réparé autrement que par son rappel.

Dès l'origine de cette fâcheuse affaire , j'ai prévu une objection dont je sens toute la force; vous pouvez avoir la pensée que , ce que je sollicite est sans exemple dans votre haute administration , et qu'il ne convient pas au Gouvernement de revenir sur une mesure qu'il a jugée nécessaire.

Souffrez que je le dise , sans application à notre hipothèse, Monsieur le Ministre , c'est ainsi que la persévérance des hommes d'État amena de grands bouleversements , lorsqu'elle fut imprudemment dirigée par l'amour-propre.

Si l'histoire politique des nations nous offre d'innombrables exemples, à ce sujet , elle nous apprend aussi que les plus grands hommes ne dédaignèrent pas de revenir de leurs erreurs, lorsqu'ils furent conduits par les circonstances à subir les effets de l'imperfection humaine.

Pardon , mille fois pardon , Monsieur le Ministre , si je vous dis ce que vous savez mieux que

moi , c'est que je m'efforce à me faire bien com-
prendre, et surtout à excuser la hardiesse de mes
démarches auprès de vous.

C'est que j'ai la conviction, et vous l'avez
aussi, que le tort fait au département des Basses-
Alpes , doit être réparé. C'est que vous ne pouvez pas vouloir , c'est que vous ne voulez pas
les souffrances des populations , et que les sou-
lager, à tout prix, est votre principale sollicitude.

Nul autre que M. Jourdan, ne se trouve dans
toutes les conditions nécessaires pour retirer les
Basses-Alpes des effets d'une instabilité souvent
commandée par le bien public, il est juste d'en
convenir, comme il faut convenir aussi de la nécessité de rétablir une administration que le
doigt de Dieu avait marquée, pour être le terme
de cette fatale instabilité.

Si vous ne connaissiez pas , Monsieur le Ministre , toute l'étendue du mérite de cette administration, vous en trouveriez le détail dans le
projet de pétition joint à ce pli.

Je suis à vos genoux, Monsieur le Ministre, je
les embrasse et vous supplie de vous laisser en-
traîner par les sentiments de pitié qu'excitent en
vous les besoins pressants de mon pays; rendez-
nous M. Jourdan... Dieu bénira votre résolution... elle vous portera bonheur.....

Si vous ne jugez pas à propos, Monsieur le
Ministre, de céder à mes supplications, l'amour
ardent que je porte à mon pays me commande
impérieusement de recourir à l'intervention des
représentants de la nation.

Je vous soumets mon projet de pétition. Je vous donne ma parole d'honneur la plus

sacrée, qu'il n'est connu de personne. Je ne crains pas d'être démenti.

Il restera enseveli dans un secret absolu, jusqu'au cinq du mois prochain.

Permettez-moi de vous assurer des efforts que j'ai fait pour éviter toute expression capable de vous blesser, et pour ne dire que ce qui est rigoureusement nécessaire.

Si vous trouvez quelque terme dur, quelque tournure de phrase trop hardie, veuillez m'excuser, et surtout ne pas regarder ceci comme une menace; c'est un franc et loyal avertissement, voilà ma pensée.

J'aurais voulu ne dire rien qui vous fut désagréable, s'il eut été possible de le faire, en parlant du tort infiniment grave que souffre le département des Basses-Alpes.

Je suis, je le répéte, ami dévoué de la dinastie de juillet et de son gouvernement conservateur;... j'ai fait mes preuves...

L'amour du bien public fut la passion de toute ma vie...

Le préjudice que mon pays a reçu me porte à une démarche que vous arrêterez, Monsieur le Ministre, j'aime encore à le croire, tant je me plais à rendre justice aux bonnes et bienveillantes intentions qui vous animent.

Il est bien que vous sachiez que M. Jourdan est entièrement étranger à tout ceci; il y a plus de trois mois que je n'ai pas eu l'occasion de le rencontrer, j'habite la campagne.

Je suis avec un profond respect, etc.

PÉTITION

ADRESSÉE A LA CHAMBRE DES DÉPUTÉS.

Digne (Basses-Alpes), 5 *février* 1848.

MESSIEURS,

Je regrette vivement d'être obligé de dénoncer, contre M. Duchâtel, Secrétaire d'État, Ministre de l'Intérieur, une faute que j'appelle inconstitutionnelle, commise au préjudice du département des Basses-Alpes.

Je réclame l'intervention de la Chambre.

Il est affligeant qu'un reproche de cette nature soit fait à un Ministre du Roi des Français.

J'en demande pardon à la Chambre et au Gouvernement.

Mais, lorsqu'un pays est maltraité, lorsque les intérêts d'un département sont mis en oubli, la plainte est un devoir que tout commande.

Le tort que je reproche à M. Duchâtel, cet honorable Ministre pouvait le réparer ; il le peut même encore, si le fatal amour-propre est refoulé par l'homme d'État digne de la confiance du Monarque.

Le redressement de ce tort aura lieu, sans doute, si la Chambre ordonne le renvoi à M. le Président du Conseil des Ministres.

M. Duchâtel ne voudra pas qu'un grand préjudice reste à réparer, plutôt que de convenir d'une erreur ... je rends à l'honorable Ministre, la justice de le croire.

Avant de recourir à l'intervention de la Chambre, j'ai supplié par deux fois M. Duchâtel, je me suis mis à ses genoux.

Je lui ai même transmis copie de cette pétition, à titre de projet tenu secret.

M. le Ministre a gardé le silence.

Je fais précéder les griefs, des deux questions suivantes :

Qu'est-ce que gouverner constitutionnellement ?

C'est user franchement des droits que la Charte confère à la Couronne, sous la responsabilité ministérielle.

Qu'est-ce que violer les droits constitutionnels ?

C'est sacrifier, sans nécessité, les intérêts des populations, en abusant du droit de faire des ordonnances.

GRIEFS

Le département des Basses-Alpes avait souffert, outre mesure, par l'instabilité de son administration préfectorale.

Les nombreux honorables préfets, qui furent appelés à cette administration, reçurent rapidement d'autres destinations, commandées par leur mérite et par le bien public.

Plusieurs d'entr'eux eurent à peine le temps de connaître quelques-uns des besoins du département, et de méditer les améliorations qui doivent faire participer le pays au progrès dont jouit la France.

Le sacrifice des Basses-Alpes fut grand, mais les avantages qui résultaient de ces fréquents changements, pour d'autres lieux, étaient encore plus grands; les mesures furent, sans contredit, marquées au coin de la sagesse gouvernementale.

Il y a quelque satisfaction à servir d'holocauste, lorsqu'il s'agit d'un plus grand bien, en raison de l'importance du pays appelé à en profiter.

L'instabilité qui retardait le département des Basses-Alpes, dans la voie du progrès général, eut enfin un terme ; M. Jourdan (du Var), fut nommé à cette préfecture.

Ce fut, pour nous, un préfet conduit par les desseins de la Providence.

M. Jourdan déclara, avec toute la franchise qui le caractérise, qu'il venait terminer dans les Basses-Alpes sa carrière administrative ; nous demandions au ciel de lui donner encore de longs jours.

Je supplie la Chambre de ne trouver aucune exagération dans ce que je dis; j'ai la conscience intime d'avoir des droits à sa confiance.

Le pays souriait à l'heureux avenir que promettait l'administration de M. Jourdan.

On voyait cet honorable premier magistrat s'occuper sans relâche des intérêts publics;

Saisir, avec modestie, les heureuses pensées que d'honorables prédécesseurs n'eurent le temps ni de mettre à effet, ni seulement de mûrir;

Ajouter , former tous les projets d'améliora-
tion, que la sollicitude la plus ardente et la plus
admirable peut enfanter ; s'entourer de toutes
les lumières locales, les rechercher partout, jus-
ques dans les chaumières ;

Parcourir les bords de nos rivières et de nos
torrents dévastateurs , les flancs de nos monta-
gnes déboisées ;

Ne vivre que pour la régularité de son administration , afin de témoigner , en toute circonstance , de son dévouement si connu pour
la dinastie , pour son gouvernement, et de son
tendre attachement pour le pays , où son intérieur domestique donnait le bel exemple de la
vie patriarchale.

M. Jourdan , enfin , est l'homme de nos cli-
mats ; il parle le langage de nos bons campa-
gnards ; il y a, entre lui et nous , ardeur simpa-
thique pour tout ce qui tend au bien général.

M. le Ministre Duchâtel a contre-signé l'ordonnance du 13 décembre 1847 , qui admet M.
Jourdan à faire valoir ses droits à la retraite ;
mesure que l'honorable préfet n'a pas sollicitée.

C'est un coup de foudre, contre le département des Basses–Alpes, M. Duchâtel regrette
sans doute de l'avoir lancé.

Il est notoire que M. Jourdan n'a pas démé-
rité.

La politique n'est certainement pour rien
dans cette catastrophe ; Dieu merci, on s'en oc-
cupe fort peu dans les Basses–Alpes.

M. Jourdan sût diriger les opérations électo-
rales avec tant de franchise , de prudence et de

loyauté , que la presse périodique , si pointil-
leuse et sévère, en cette matière, n'éleva pas de
réclamation.

Quelle a donc été la cause de la funeste mesure de M. Duchâtel ? . . . . .

Quant aux effets de cette mesure, ils cons-
tituent des torts immenses qui ne peuvent être
réparés que par le rappel de M. Jourdan.

Loin de moi la pensée de vouloir critiquer la
nomination de l'honorable M. Fleury, préfet
de l'Ariège, appelé en remplacement ; ce premier magistrat est aussi rempli de mérite, il a,
comme M. Jourdan , de bonnes intentions , des
vues bienfaisantes, du zèle, tout ce qui constitue
l'habile administrateur ; mais l'honorable préfet
aura la générosité de convenir, avec quiconque
prendra connaissance de cette pétition, que nul,
par rapport aux Basses–Alpes , ne peut se rencontrer dans toutes les conditions de son pré-
décesseur.

Si j'avais à occuper la Chambre des intérêts
personnels de M. Jourdan, il me suffirait d'invo-
quer le témoignage des Bas-Alpins et celui des
habitants du département de la Corse, qu'il a si
dignement administré, pendant le long intervalle
de quatorze ans. Le beau titre de préfet des
pauvres y fut envers lui l'objet d'un hommage
public.

Il rencontra là quelques égarements dont
le juste finit toujours par triompher, car ils ne
servirent qu'à faire ressortir davantage , et à
faire récompenser le mérite du premier magistrat du département.

Ainsi, j'invoquerais les actes du Gouvernement et l'autorité de l'État la plus haut placée dans nos institutions, après la Monarchie.

Je dirais enfin que la mesure blesse la justice en ce qu'elle expose un honorable fonctionnaire public à de fâcheuses inductions, que la malveillance ne, manque pas d'exploiter, en semblable occurrence.

Mais, c'est la cause sainte de l'intérêt général que je porte devant la Chambre.

Si M. Duchâtel, en proposant soit au Conseil des Ministres, soit au Roi, le renvoi de M. Jourdan, avait songé à faire remarquer le tort irréparable qui résulterait de la mesure pour le département des Basses-Alpes, les grands intérêts de ce trop malheureux pays auraient été pris en considération, leur poids énorme, mis dans la balance, aurait triomphé.

La main de l'Auguste Monarque n'aurait point éloigné de l'administration, l'un des amis les plus éprouvés et les plus dévoués de sa dinastie.

Le département des Basses-Alpes, si digne de la royale sollicitude et de celle du Gouvernement, par son attachement et par le calme de l'esprit public, n'aurait pas vu ses intérêts froissés sans nécessité.

Si dans l'oubli de M. Duchâtel il n'y a pas fait reprochable, par présomption de mépris pour ces intérêts, il y a quelque chose qu'on ne saurait éviter de redresser, sans porter atteinte aux grands intérêts des populations, que les ministres d'État sont constitutionnellement obligés de consulter avant tout, et de ne jamais perdre de vue.

Le département des Basses-Alpes, c'est la France, tout comme le département de la Seine; il y a, dans ce pays trop malheureux, je le répète, cent cinquante mille bons Français qui appartiennent à la grande famille, dont les intérêts publics sont régis en communauté.

Peut-être dira-t-on :

Il n'y aurait pas d'action gouvernementale constitutionnelle possible, si l'on admettait que le Ministère n'est pas libre dans le choix ou le renvoi de ses agents. Une telle objection serait spécieuse, ce serait se placer à côté de la question et non dans la question.

Le cas arrivant, je réponds qu'il n'y aurait pas de garantie constitutionnelle possible, s'il était permis d'abuser, par un acte quelconque, des droits conférés à la Couronne par la Charte, car il n'y aurait plus de Charte, du jour où le despotisme ministériel serait consacré en principe gouvernemental.

Il est permis de relever les vices inconstitutionnels renfermés dans les ordonnances, contre-signées par les Ministres, quelles quelles soient, et il ne saurait en exister de plus manifeste envers les droits garantis par la Charte, que celui qui constitue un tort fait à la population.

Toute la question est là........ Il faut que Monsieur le Ministre de l'Intérieur montre la nécessité de la mesure ou qu'il répare le préjudice.

Le tort fait à la personne peut être réparé indirectement. Il en est autrement lorsqu'il s'agit d'un préjudice causé aux intérêts publics ; là , il n'y a de véritable réparation que lorsqu'elle est entière et évidente.

Mais , je l'espère toujours, M. le Ministre de l'Intérieur rendra aux Basses-Alpes l'honorable magistrat qui n'avait pas cessé de mériter le titre de Préfet des pauvres...

En France , nous adorons le Dieu des pauvres..... Nous avons le bonheur d'y voir régner glorieusement le prince qui se plaît tant à être le Roi des pauvres..... Son Ministre ne saurait faire défaut à la plus éminente vertu de la Couronne....

Je m'abaisse devant la décision de la chambre quelle qu'elle soit.

J'accepte respectueusement l'ordre du jour, s'il plaît à la Chambre de le voter.

Toutefois , j'éprouve la crainte qu'une telle résolution ne fut exposée à être considérée comme conséquence de la consécration du despotisme ministériel.

Toujours est-il que j'aurai rempli un devoir sacré en publiant la nécessité de retirer mon pays de l'état de souffrance sous le poids duquel il gémit , par l'instabilité des fonctions préfectorales.

Publié par le soussigné ,

COTTE ,

Sous-Préfet en retraite.

Digne , Imprimerie de Repos.